yukismart.com/b/677306

bebé
เด็กทารก

dek tharok

niño
เด็กผู้ชาย

dekphuchai

amigos
เพื่อน

phuean

niña
เด็กผู้หญิง

dek phuying

sonreír

ยิ้ม

yim

llorar

ร้องไห้

ronghai

cabello

ผม

phom

ojo

ตา

ta

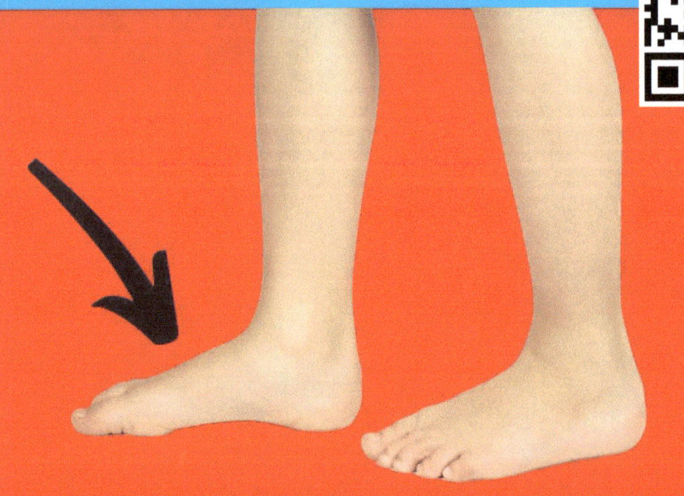

pie

เท้า

thao

mano

มือ

mue

nariz

จมูก

chamuk

dientes

ฟัน

fan

oreja

หู

hu

lengua

ลิ้น

lin

sol
ดวงอาทิตย์
duang-athit

luna
ดวงจันทร์
duangchan

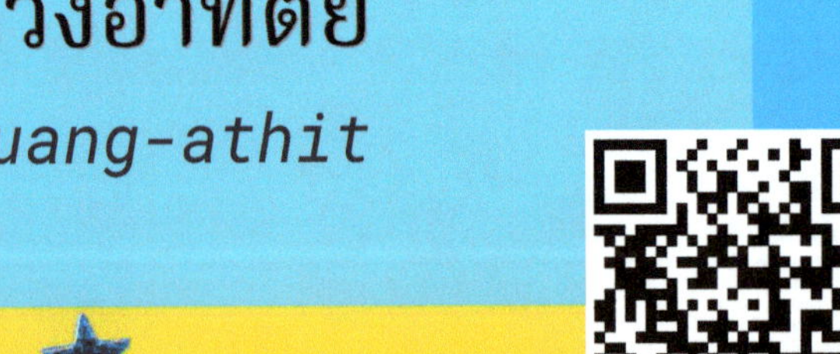

estrella
ดาว
dao

árbol

ต้นไม้

tonmai

pájaro

นก

nok

abrigo
เสื้อโค้ท
suea khot

pantalones
กางเกงขายาว
kangkengkhayao

vestido

ชุดกระโปรง

chut kraprong

zapatos

รองเท้า

rongthao

rojo

แดง

daeng

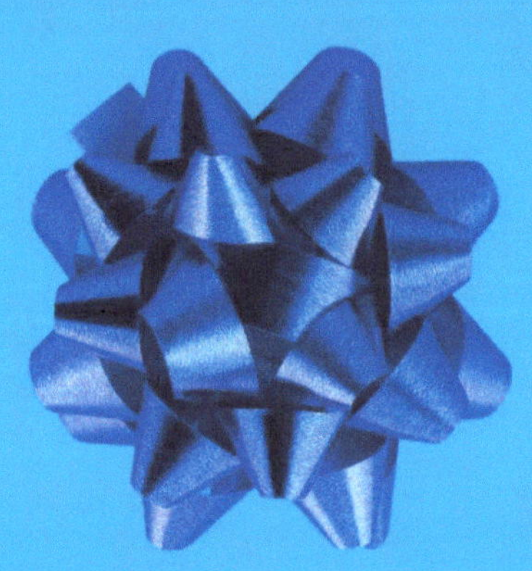

azul

ฟ้า

fa

amarillo

เหลือง

lueang

rosa

ชมพู

chomphu

blanco

ขาว

khao

verde

เขียว

khiao

negro

ดำ

dam

multicolor
หลากสี
lak si

arcoíris

รุ้ง

rung

manzana
แอปเปิ้ล
aeppoen

plátano
กล้วย
kluai

tomate
มะเขือเทศ
makhueathet

naranja
ส้ม
som

zanahoria

แครอท

khaerot

guisantes

ถั่ว

thua

patata

มันฝรั่ง

manfarang

maíz

ข้าวโพด

khaophot

limón

มะนาว

manao

uvas

องุ่น

angun

pera

แพร์

phae

sandía

แตงโม

taengmo

calabacín

ซุกินี

su kini

huevo

ไข่

khai

seta

เห็ด

het

cuadrado

สีเหลียมจัตุรัส

siliamchatturat

círculo

วงกลม

wongklom

rectángulo

สีเหลียมผืนผ้า

siliamphuenpha

triángulo

สามเหลียม

samliam

gato

แมว

maeo

perro

สุนัข

sunak

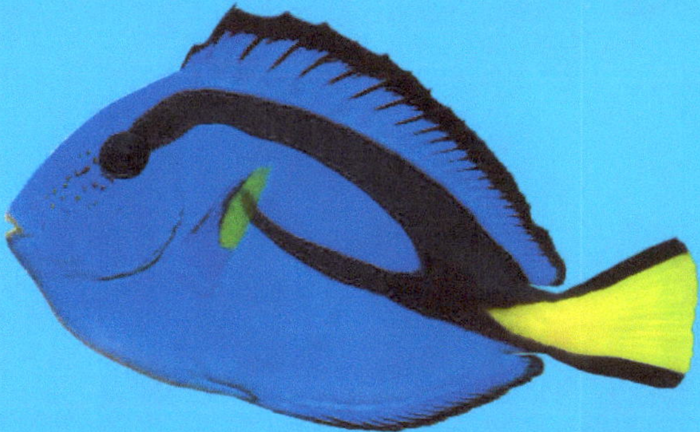

pez

ปลา

pla

vaca
วัว
wua

pato
เป็ด
pet

pollito
ลูกไก่
lukkai

gallina
แม่ไก่
mae kai

rana

กบ

kop

cerdo

หมู

mu

conejo

กระต่าย

kratai

ratón

หนู

nu

caballo

ม้า

ma

oveja

แกะ

kae

flor
ดอกไม้

dokmai

mariposa
ผีเสื้อ

phisuea

mariquita
แมลงเต่าทอง

malaengtaothong

caracol
หอยทาก

hoithak

pastel

เค้ก

khek

pan

ขนมปัง

khanompang

reloj

นาฬิกา

nalika

llave

กุญแจ

kunchae

libro

หนังสือ

nangsue

pelota

ลูกบอล

lukbon

mesa
โต๊ะ

to

plato
จาน

chan

silla
เก้าอี้

kao-i

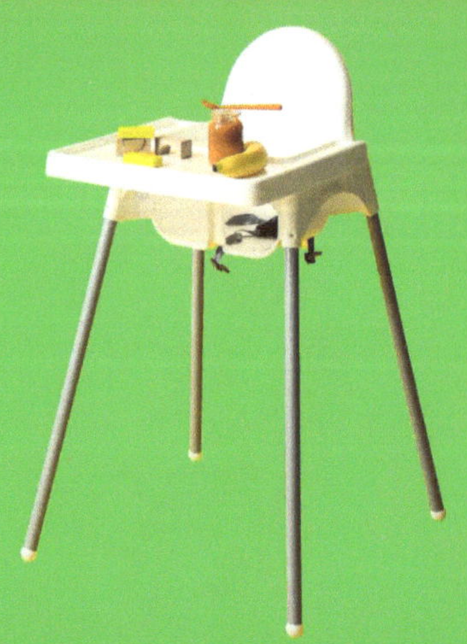

trona
เก้าอี้สูง

kao-isung

tenedor
ส้อม

som

cuchillo
มีด

mit

cuchara
ช้อน

chon

taza
ถ้วย

thuai

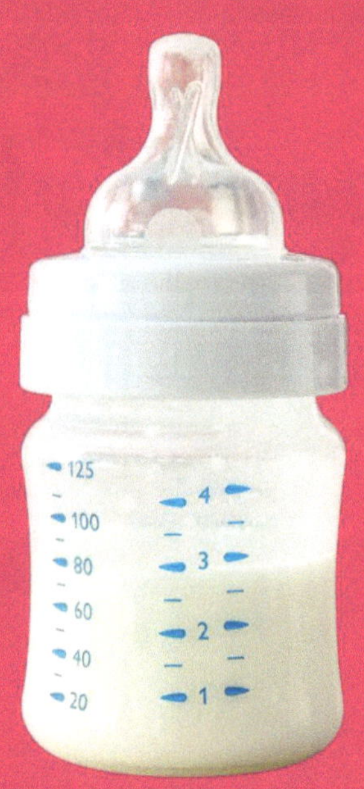

biberón

ขวดนม

khuatnom

vaso

แก้ว

kaeo

cama
เตียง
tiang

cuna
เตียงเด็ก
tiangdek

oso de peluche
ตุ๊กตาหมี
tukkata mi

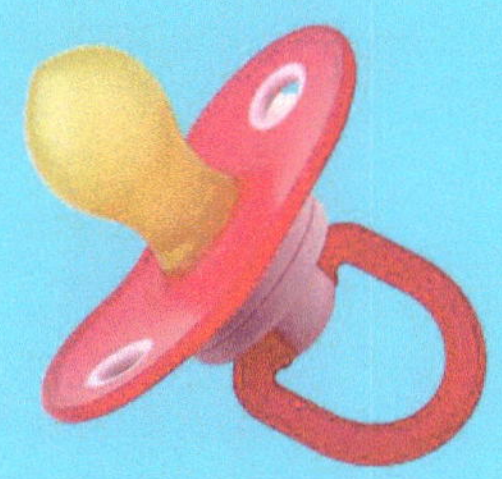

chupete
จุกนม
chuk nom

toalla

ผ้าขนหนู

phakhonnu

lavabo

อ่างล้างมือ

anglangmue

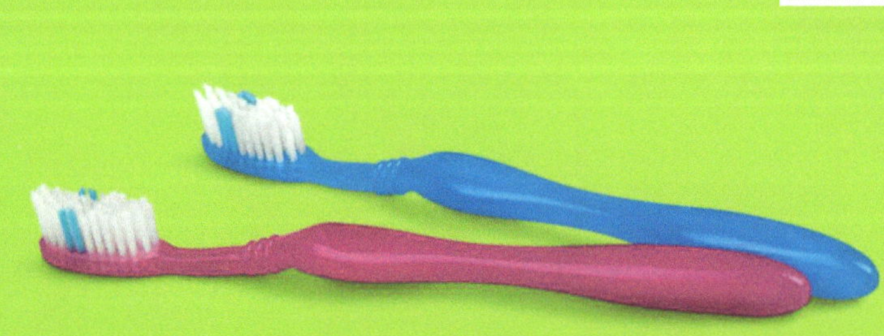

cepillo de dientes

แปรงสีฟัน

praengsifan

jabón

สบู่

sabu

inodoro
โถส้วม
thosuam

orinal
กระโถน
krathon

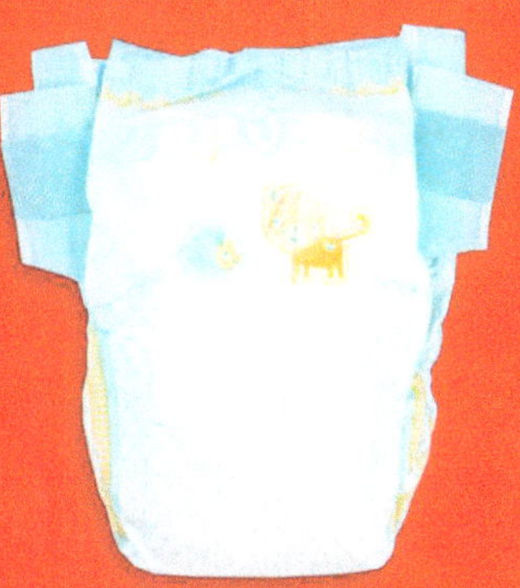

pañal
ผ้าอ้อม
pha-om

coche

รถยนต์

rotyon

bicicleta

จักรยาน

chakkrayan

avión

เครื่องบิน

khrueangbin

barco

เรือ

ruea

camión de bomberos

รถดับเพลิง

rotdapphloeng

tren

รถไฟ

rotfai

juguetes

ของเล่น

khonglen